दिल दरिया है

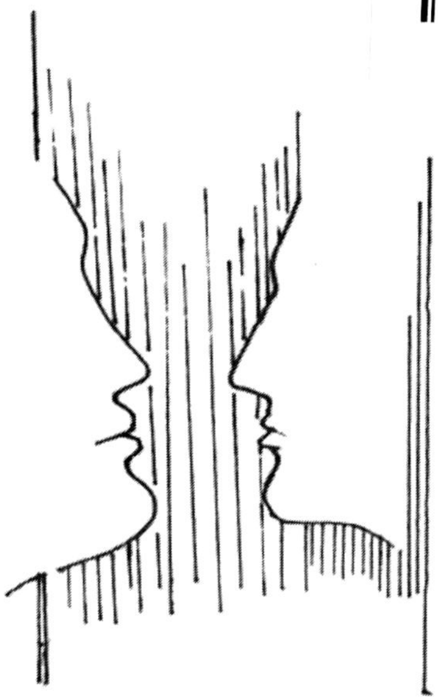

डायमंड बुक्स

www.diamondbook.in

दिल दरिया है

धड़कती कविताएँ लरजता लेखन संसार

दीप्ति दरियादिली

डायमंड बुक्स

www.diamondbook.in

प्रकाशक : डायमंड पॉकेट बुक्स (प्रा.) लि.
X-30, ओखला इंडस्ट्रियल एरिया, फेज-II
नई दिल्ली-110020
फोन : 011-40712200
ई-मेल : sales@dpb.in
वेबसाइट : www.diamondbook.in
संस्करण : 2023

चित्र एवं आवरण परिकल्पना : दीप्ति "दरियादिली"
चिंत्रांकन : पं. विजय शंकर करौलिया

Dil Dariya Hai
Deepti 'Dariyadili'

इबादत

आदर व इश्क की रोशनाई से-
भीगी कलम ने-
मन की सीपी के मोतियों को
अक्षर बना वाक्य में-
गूँथ दिया।
हर वाक्य बन गया इबारत इबादत की
और वो इबादत बन गयी-
पाक पन्ना
मंदिर की पुस्तक का।

-दीप्ति

प्रतिष्ठा में,
श्रीमती दीप्ति वर्मा को

तुम,

सुकुमार सुकोमल
राह कठिन, पग कोमल
मखमली बदन
बाल हृदय स्नेहिल
उमड़ता हुआ संमदर सा
अम्वार लगा है फेनिल
फिर भी....
चलता जा, चलता जा
पथिक,
अनंत,.... अंत में
फिर भी पा जायेगा,
मंजिल!

सप्रेम प्रिय
शकीलावानो
संप्रति : कार्यरत
जिला पुस्तकालय झाँसी
31/12/06

दीप्ति वर्मा : एक संक्षिप्त परिचय

साहित्य की बगिया का अद्वितीय प्रसून दीप्ति वर्मा ने 27 मई, सन् 1973 को बुन्देलखण्ड प्रान्त में अवस्थित झाँसी में श्रीमति परम देवी वर्मा भार्या डॉ. राम रतन वर्मा के गृह में जन्म लेकर नौ वर्ष की आयु से ही काव्य-साधना एवं लेखन आरम्भ किया, उनके नाम की दीप्ति स्वमेय ही चतुर्दिक विसरित होने लगी। उनकी अन्तर्जगत एवं बाह्य-जगत की जीवन-यात्रा का प्रथम संस्करण 'दिल दरिया है' आपके हाथों में है।

आपने हाईस्कूल से स्नातकोत्तर तक की सभी कसौटिया प्रथम श्रेणी में पार की एवं विभिन्न सांस्कृतिक कार्यक्रमों मसलन कवि-सम्मेलनों, अंत्याक्षरी, नृत्य व नाटकों में अपनी प्रतिभा से सब को मन्त्रमुग्ध कर दिया। जिला मण्डल एवं प्रान्तीय स्तर पर आयोजित 'स्वतंत्रता प्रश्नोत्तरी 1988' में अचल बैजयन्ती प्राप्त कर झाँसी को गौरवान्वित किया। आप ने स्नातकोत्तर (संगीत वादन) की उपाधि में विशेष योग्यता अर्जित की। 13 मार्च 1999 को प्रखर, कर्मठ एवं स्नेहिल व्यक्तित्व के अधिकारी इंजीनियर प्रेमचन्द्र वर्मा से आप का परिणय सम्पन्न हुआ।

चूँकि दीप्ति ने परास्नातक की उपाधि हिन्दी विषय के बाद संगीत में प्राप्त की इसीलिये इनके गद्य एवं पद्य में थिरकती हुयी अनवरत लयबद्धता स्पष्ट दिखायी देती है। इनके काव्य एवं प्रस्तुतीकरण से प्रभावित होकर आकाशवाणी झाँसी में "बुन्देलखण्ड की उभरती कवियत्री" के उपमान से वार्ता एवं कविताओं का प्रसारण किया।

'दिल दरिया है' प्रथम सर्जना-संग्रह सुविज्ञ पाठकों के मध्य अपना स्थान अवश्य प्राप्त करेगा, इस मंगल कामना के साथ।

(एस॰ बी॰ शुक्ल)

विभागाध्यक्ष, इलेक्ट्रानिक्स इं॰ऑ॰

राजकीय पालीटेक्निक, झाँसी

श्रीमति दीप्ति वर्मा हिन्दी साहित्य की विभिन्न विधाओं में साधनारत है। भाषा पर गहरी पकड़ के साथ अभिव्यक्ति का सौन्दर्य हृदय में आल्हाद की सृष्टि करता है। शब्दों से चित्र बनाना इनकी अन्य निपुणता है। रोमांटिक भावनाओं का दृश्यांकन आनन्द का सृजन करता है। हिन्दी की इस साधिका से उत्कृष्ट साहित्य को बड़ी आशाएं है। मैं इनके उज्जवल भविष्य एवं सुकीर्ति की मंगल कामना करता हूँ।

(मदन मानव)
अध्यक्ष
प्रगतिशील लेखक संघ
झाँसी

अतीन्द्रिय लेखक, कवि (इन्ट्यूटिव राइटर एण्ड पोएट) जब एकान्त मनः होता है तो उसका सम्बन्ध अन्यत्र कहीं जुड़ जाता है। परिणामतः चिन्तन की विविध रेखाएं निश्चल कैनवास पर सहज रूप से उतरने लगती हैं एवं काव्य का सृजन होता है।

दीप्ति वर्मा एक ऐसा ही सशक्त हस्ताक्षर है।

संगत चित्र कविताओं के पूरक नहीं कहे जा सकते

क्योंकि प्रत्येक कविता स्वयं चित्रमय है एवं स्वयं ही लक्ष्य को प्राप्त कर रही है...

किसी बैसाखी के अवलम्बन की आवश्यकता नहीं।

चित्रकार, साहित्यकार

V. S. [illegible]

विजय शंकर कनौजिया

प्रणेता : वीरांगना लक्ष्मीबाई (खण्डकाव्य)

चक्रव्यूह (अतुकांत खण्डकाव्य)

दो शब्द

वे शाश्वत क्षण जिनमें रूह का दीदार हो जाय! वे अविरल पल जो आनंद के अतिरेक सागर में बदल जाय!!

मिलन के ये अद्‌भुत क्षण लौकिक (ज्ञातसत्ता) या अलौकिक (अज्ञात सत्ता) प्रियतम से हों; समाधि में परिवर्तित हो जाते हैं, जिसमें अश्रु एवं वियोग जनित पीड़ा का कदाचित कोई स्थान नहीं रहता। इस सम्बन्ध में परमहंस योगानन्द की 'समाधि' नामक कविता का स्मरण हो आता है-

भीतर ही भीतर सुलगते आनंद ने
जो ध्यान में प्रायः सुलग उठता,
मेरे अश्रु पूर्ण नेत्रों को रुद्ध
कर दिया,
और भड़क उठा परमानंद के
शोलों के रूप में,
और स्वाहा कर लिया
मेरे अश्रुओं को,
मेरे शरीर को,
मेरे सम्पूर्ण अस्तित्व को।
ब्रह्म मुझमें समा गया,
मैं ब्रह्म में समा गया,
ज्ञान, ज्ञाता, ज्ञेय सब
एक हो गये।
शांत अखंड रोमांच
सदा के लिये

जीती–जागती नित्य नवीन शांति

× × × ×

आनंद में से आया था,
आनंद के लिये मैं जीता हूँ।
पवित्र आनंद में मैं
विलीन हो जाता हूँ।
मन का सागर बना मैं,
सृष्टि की सारी तरंगों
को पीता हूँ।

× × × ×

निरभ्र है मेरे मन का
आकाश अब–नीचे,
ऊपर, आगे पीछे;
अनंतता और मैं एकरूप
बनी एक ही एक ही
किरण हूँ अब।
हँसी का एक नन्हा सा
बुलबुला मैं,
अब बन गया हूँ
सागर हर्षोल्लासा का।

मैंने खण्ड 'ब' (विरह जनित काव्य) पाठकों की अभिरुचियों का ध्यान रखते हुए समाविष्ट किया है।

दीप्ति वर्मा

विषय सूची

खण्ड - अ

खण्ड 'ब'

खण्ड - अ

समाधि

प्यार की आग को
उसके शीर्ष भाग को
होठों से छुआ;
और उतर गई
मन के पानी में।
तुम्हें चेतना में पाया
मन में समाया
पिघल गई;
रूहें आग में
पैठ गई गहरे-गहरे
लग गई समाधि
तेरे-मेरे मन की
तन-मन के मिलन की।

दिल दरिया है

दिल में दरिया है;
लहर जज़्बातों की
छू सकी हौले ही हौले
कलम-ए-शायर की।

लफ्ज़ बनें हैं गुल
सजा है गुलिस्ता
दिल दरिया है;
आ जाओ सनम आहिस्ता

दरिया- अथाह जलराशि, सागर

आसंमा के लबों से पिया था
चांदनी का जाम
ख्वाबों के तसब्बुर में
परछाईयां सी उभरनें लगीं

Rupali Bhatt

धड़कनों के साज पर
हर पल मेरा अस्तित्व
सिहरता जाता
ठहरता जाता।

दरिया के किनारे

दरिया के किनारे
तुम्हारी बाँहों के सहारे
एक ही छाया चित्र
से खड़े हुये हैं
सूरज की चादर
लपेटे हुये हो
बाँहों के दायरे में
मुझे समेटे हुये हो
तेरा मेरा चेहरा भी
साफ नजर नहीं आता
मेरे गेसुओं को तुम
कमर पर लपेटे हुए हो।
तेरे रोम छिद्र मेरे स्निग्ध
बदन को ऊर्जायित करते
मेरा अस्तित्व तेरे में
पिघलता जाता
धड़कनों के साज पर
हर पल मेरा अस्तित्व
सिहरता जाता

ठहरता जाता।
हम सदियों से
तुम्हारे अंदर ठहर
चुके हैं।
बात यदि रही
तेरे मेरे बदन
की लिपटी दुशाला की;
तो सिर्फ एक
बहाना है।।

निःस्सीम मिलन

लहर दर लहर आना और आँसुओं के सैलाब से सुमेर का भीग जाना, एक अंतर में उमड़ता समुंदर और बाहर पानी का सैलाब विस्तृत समुंदर। दूर-क्षितिज पर डूबता सूरज जगमग किरणों के हार पिरो रहा था; और माला के उष्ण मोती समुद्र में शीत बड़वानल के रूप में प्रतिबिम्बित हो रहे थे। सुमेर के भीतर पिघलता लावा स्मृति के जंगल में दावानल की तरह फैलता जा रहा था।...

जिसमें भ्रम व विभ्रम की आँधियाँ
निराशा की चकाचौंध
यथार्थ के तिनकों का बवंडर

गर्द का गुबार और पथ से विचलित कर देने वाला अंधेरा घुप्प, सायं-सायं करता सन्नाटा। कसमसाता इतिहास और पन्ने पलटता हुआ हर अक्षर जलते बुझते अंगारों सा चित्रलिखित।

फिर एक लहर कसमसाती हुई आयी यादों की लड़ को मोतियों में पिरोये हुये; टूटकर सुमेर की गोद में बिखर गयी और हर मोती में से अतीत का अक्स प्रतिबिम्बित होने लगा। बिछोह के दर्द से सिसकती सोमना का आँचल सुमेर

की कमर में लिपट गया। वल्लरी की तरह लिपटती जाती सोमना के लिये वह ऐसा कामना तरू था जिसकी छाँव में वह शीतलता लेने की कामना भी नहीं कर सकती थी। पिघलती हुई उसकी तपिश से सुमेर का कोलाहल करता अर्न्तमन धुआं-धुआं होने लगा। प्यार के रास्ते के हमराही जुदा हों तो कैसे हों? इस निश्चल सौन्दर्य को छोड़कर, नदिया अपने प्रवाह को रोककर, फूल सुगन्ध से विरक्त होकर, चंदा चाँदनी से दूर होकर नहीं ऽऽऽऽऽ सुमेर। नदिया अपने प्रवाह को नहीं रोक सकती, फूल सुगन्धि से विरक्त होकर और आह! चंदा चाँदनी से दूर नहीं हो सकता। तुमसे विलग होकर अस्तित्व विहीन शरीर! सूखा पत्ता आह! दरकता वजूद-जहाँ चाहे जिधर चाहे हवा ले जाये।

अंतस में सुलगती यह विरह की ज्वाला। अभिशिप्त मन! तुमसे विदा यौवन को विदा। "पर हालात में मजबूरियों की आँधियाँ हैं।" सुमेर के होठ कँपकपा उठे। सोमना के भुजबन्ध को यथार्थ की पृष्ठभूमि में सरकाना चाहता लेकिन स्वयं उसको बाहुपाश में आबद्ध करता जाता, समाता जाता बहुत गहरे। इतना गहरा कि वो जैसे सागर का ही आकारमय रूप हो और सिसकती बलखाती नदी की धारा उस अभिशिप्त महासागर में मिलती... जाती मिलती जाती... सागर की चेतना में समाहित होती जाती और रात्रि अंधकार की गोद में

दामन लपेटती जाती। कमबख्त नीरव सन्नाटा सुनते कहते, कहते सुनते प्रेम परिन्दों की कसमसाहट और छनखनाहट को गोपनीय नहीं रहने देता।

सागर पर रात की चादर बिछ गयी थी। उस विस्तीर्ण चादर की निर्निमेषता पर एक ही सिर्फ एक अर्द्ध-चन्द्र सितारा था जो समस्त ओर जुगनू सी जगमगाहट फैला रहा था। उसकी तरलता सोमना की सिसकियों में बसकर सुमेर के अन्र्तमन को भिगोती जाती। साँसों में सागर सा ज्वार भाटा चलता जाता, रात ढलती जाती और उसमें बिखरी जगमग लड़ियां उन युग्मों को हार पे हार पहनाये जाती थी; उनकी आभा में प्रेम के प्रसून श्वेत हो रहे थे जिन पर सुकमारि का लिपटता लाल आँचल लाली भर रहा था आह! प्रेम की शांति और धधक का कैसा मिश्रण?

एक लहर आयी, सुमेर के मस्तिष्क को विस्मृति की घटा से स्मृति के सफेद बादलों की ओर ले गई। बादल अतीत की यात्रा करने लगा उसके स्वर्णिम पंख सोमना के सुनहले बालों में मिलने लगे; उन बालों को जब उँगलियों के स्पर्श सहला के एक ओर करने लगे तो चाँद की आभा लिये जिसमें हजारों कुमदनियों का सौन्दर्य था, मुखड़ा मुस्कुराने लगा। श्वेत दाँतों पर अनार की रक्तिम आभा फैल गयी और होंठ पल्लव की तरह खुले 'क्या कहा? सुमेर के कँपकपाते होठों से तो कुछ नहीं निकला लेकिन एक झंकृत स्वर जिसने

सितार के तार छेड़ दिये उसके साथ चाँदनी ने भी धीरे से कहा तुम वादे तो बहुत करते हो लेकिन हालात् वादे क्या मानव को भी तोड़ देती है क्या तुम हालात के सागर को पार कर सकते हो?

'हाँ सब कुछ तुम्हारे लिये हाँ तुम्हारे लिये..... सब कुछ! कँपकपाते हाथों से दरिया ने साहिल को अंक में समेट लिया। यादों के किनारों को दरकाकर लहर लम्हात के कण बहा लायी। सागर की छाती पर गाद जमा हो गया। यादों के किनारों पर लहर की रगड़ से एक प्रस्तर-खण्ड खड़ा हो गया। सुमेर का मन उन कठोर प्रस्तावरणों से छिटककर नर्म बिछे शैवालों में विश्रांति लेने लगा। एक हवा के झोंके ने झकझोर दिया और मन के पानी में प्रस्तर-खण्ड गिरने लगे। पानियों में भँवर पड़ने लगे; माँ की डूबती उतरती आवाज... सलवटी पानी में पिताजी का चेहरा अचानक चक्रवाती हो उठा और प्रस्तर पर आड़ी-तिरछी रेखाएं बनने लगीं। रेत पर सन्नाटा दौड़ने लगा, तनी हुयी भवों के आरेख स्पष्ट दिखने लगे। शायद सागर की लहरों से रिश्ता तोड़ने के लिये कहा गया। चाँद को मुजरिम करार दिया गया, सागरीय प्रेम ज्वार में रूपायित फेनिल लहरों को स्वप्निल उन्मादित बनाने के जुर्म में। अनायास ही प्रवासी पंछी की टू-वी-टू विचारों की नीरवता को चीरते हुये सागरीय अम्बर, अम्बरीय सागर

मिलन क्षितिज तल को पार कर गयी उसी निःस्सीमता और असीमता की ओर कितना शाश्वत और असीम मिलन है सागर अम्बरीय व अम्बर-सागरीय मिलन। जागी सी पलकें उस निर्निमेष को निहारने लगी। बंजर अवसाद हट गये और मन की तलहटी पर एक हरी काही सी उग आयी।

अँधेरा छँटने लगा

और सोच का दायरा रोशन होने लगा......

ऐसा ही होगा सुमेर सोमना का मिलन निःस्सीम और असीम।

धर्म समाज के ठेकेदारों की बनायी गयी सीमा रेखा इस अनंत मिलन को स्पृह नहीं कर सकती। ये दो तन मन शरीरों के माध्यम से स्थूल से सूक्ष्म सत्ता आणव से सम्पूर्ण तुरीयवस्था शांभव की ओर ईश्वरीय मिलन होगा। ख्यालों की झांझर बजने लगी पूर्ण शिवत्व की महाचेतना मानव मन के धरातल पर नृत्यमय हो उठी।

अँधेरा बेड़ियां खोल के उजाले से जा मिला और सवेरा हो गया। सागर के पंख लग आये और आकाश सागरमय हो गया। चेतना के इस महासंगम में सुमेर सुमेर नहीं रहेगा सोमना सोमना नहीं, शायद यही है तनमन का महामिलन। सृष्टि का अणु से, श्रुतियों का नाद से और आत्मा का परमात्मा से।

एक अक्स सा उभर आता है
जनमों के आईने से
खामोशियां उस मंजर पर
एतबार सा करने लगी

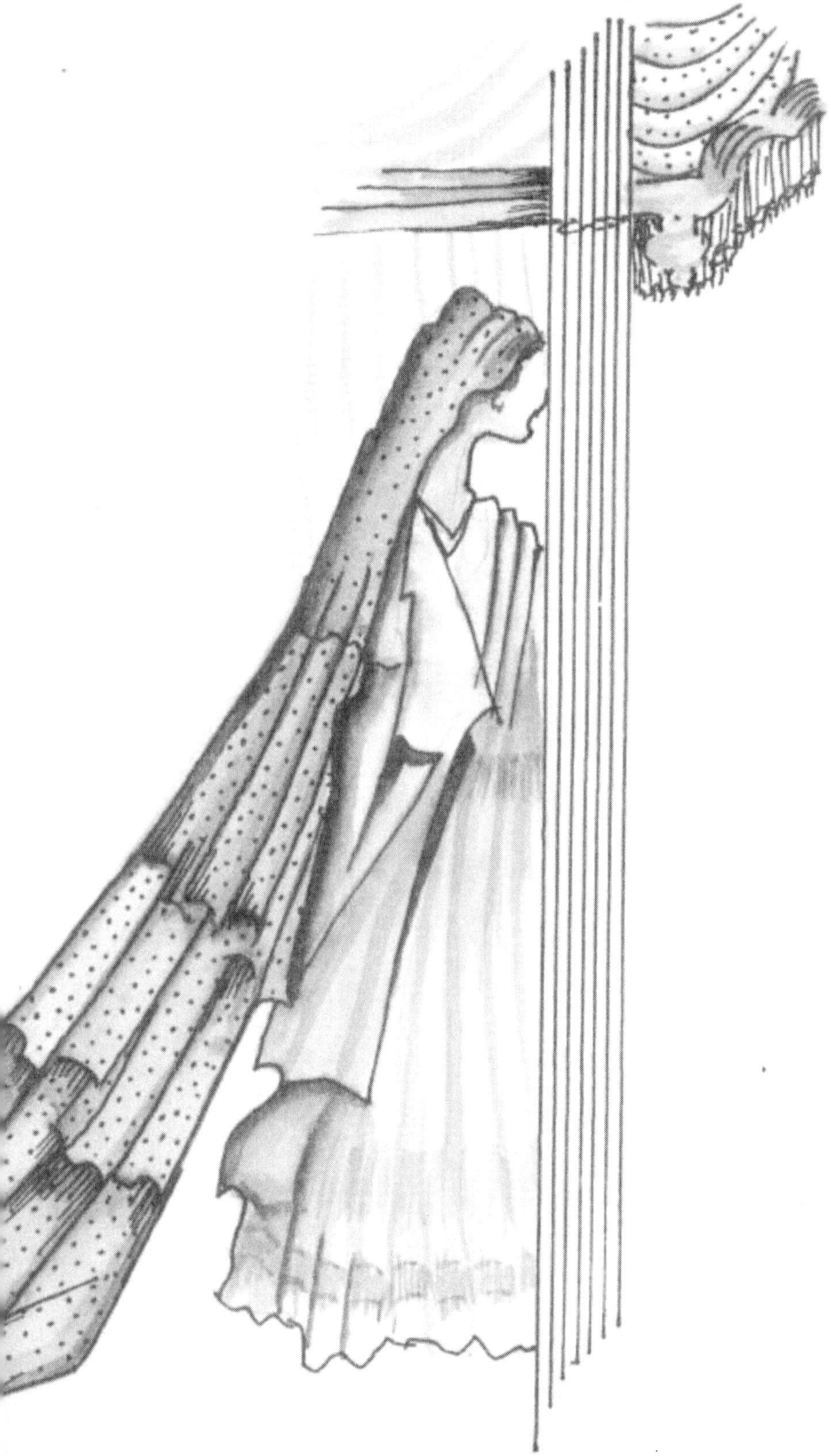

जाने कितने पत्थर
कँटीला रास्ता
अब कितना
और फाँसला!!!

इंतजार

मेरा दामन द्रोपदी का चीर
जाने कितने जन्मों
का फाँसला तय
करता रहा
रहा लपेटता
प्रीतम को आगोश में
चाँद-सूरज टाँकता रहा
चाँदनी में
नहाता रहा
फाँसला तय
करता रहा, जाने
किराने मुकाम ताना
बाना बन
लिपटते जा रहे
अंग कब लगना
तेरा और मेरा?
जाने कितने पत्थर
कँटीला रास्ता
अब कितना और फाँसला !!!

पर एक दिन यह दामन
और क्षणों का
फाँसला चुक जायेगा
और समय के सेतु पे
खड़ी हो तुम्हें
खुद ब खुद लिपट
जाऊँगी;
तुम मेरे खुले मादक
जिस्म को सहलाओगे
और मैं अपने ही से
दिये आवरणों के घेरों
को झटककर अलग कर
दूँगी!!

तुम्हारी ही पुंज में
विलीन हो जाऊँगी
यहीं
देह से लिपटकर
फिर देह के भीतर
की चेतना से लगेगी
सच्ची समाधि
तुम्हारी और मेरी

प्रेम के धागे

सुहास का वजूद पिघल कर सुनयना में समा गया; हिम का अस्तित्व नदी बन चुका था, यह उसका ही रूपान्तरण था या निःश्वासों की उष्मा का प्रतिफलन, चाँदनी के दुग्ध धवल, स्निग्ध अहसासों की धारा के आनंद में सिमट रहा था या स्वआनंद के मन के पानियों में भीग रहा था। उच्छवासों निःश्वासों में आबद्ध लय बद्ध एकरसता... यह समरसता पुरुष की स्त्रीत्व की उष्मा में पिघलती कठोरता और स्त्री की कमनीयता पुरुष के कठोर आलिंगन में सिमटती दृश्यगत होती है (हो रही है।)

मदिरागत ओष्ठ के संस्पर्श और झिझकते बदन का मौन आमंत्रण से उसके शरीर में उतरा हुआ गर्म प्रकम्पन झील सी ठंडी विश्रांति ले चुका था। मस्तक से गिरती हुयी स्वेद बिन्दुओं को सुनयना अपने कोमल कर पंखुड़ियों के स्पर्श से मेटती जाती। गहरे चुम्बनों से सुहास के मन में कही दूर पड़ी वेदनामयी अनुभूतियों को तिरोहित करना चाहती है।

प्रिय! मैं तेरी सहचरी बन जाऊँ
निशाचरी अर्द्धांगिनी, सुवासिनी
और
प्रेम रस बरसाने वाली
मधुर-मधुर निर्झणी बन जाऊँ

प्रिय! मै तेरी...

हौले से गाये गये गीत की अतिंम पक्तियों के साथ सामने सजा हुआ रजनी गंधा का प्रसून तीव्रता से महकने लगा और निशाचरी अर्द्धांगिनी, सुवासिनी, न जाने कब निद्रा के आगोश में सो गयी... घनेरे बालों की लटों को एक किनारे समेट कर और पीछे से अपना संस्पर्शी घेराव बना कर सुवासिनी के गालों पर अपने कपोल रख दिये; हृदय विहंगम

शान्ति! सम्पूर्ण प्रशांति!! अनंत प्रशांति!!! स्वप्निल नीले प्रकाश मे कमरे की दीवार पर लटका हुआ आदम और हौव्वा का चित्र थोड़ी देर लहरा सा गया और एक कम्पन उतर गया... गहरी प्रशांति!!! होठ बुदबुदा उठे क्या मैं वही आदम हूँ जिसे हौवा की तालाश थी! हाँ मेरी हौब्बा! ऊँगलियों से बालों को सहलाते हुए गुड़िया की तरह उठा कर सुनयना को अपनी चौड़ी स्कन्धयुक्त छाती में समा लिया जहाँ प्रेम का नन्हा पौधा लहरा रहा था जिसके बीजांकुर को सुनयना ने न जाने कब सुहास के हृदय की तह में दाब दिया था; हर पल तारतम्य से उठती-गिरती नुकीली बरौनियों के पीछे सुहास के अर्न्तमन को भिगो देने वाली आँखों की गहरी भाषा जिसके अक्षरों की गोलाइयां उसकी दिल के किताब के हर्फ बन चुके थे। जिन्हें हालात् व काल की स्याही का मेटना नामुमकिन था अकस्मात् कैसे हुआ सुनयना से प्राणों का संगम? मन की वेदना से उठती हुई गर्म हवा इस शीतल

निशाचरी:- अभिसारिका, नायिका

प्रेम वेदना से संलिप्त होकर उसकी कितनी ही कहानियों व गीतों की फुहार बन गयी। एक धारा सी उमड़ पड़ी। जिसका एक छोर सुनयना के हाथ में था और एक छोर सुहास के। पर वो नदी के ऐसे छोर नहीं थे जो मिल न सके बल्कि दोनों छोरों को जोड़कर पूरा पूर्णिमा का चाँद बना सकते थे। हाँ मिलन का पूरा चाँद... तन से भी और मन से भी। जो चाँद सुहास की जिन्दगी में पहले नहीं बन पाया था, एक कला भी नहीं, जिसकों बनाते-बनाते अर्से कट गये। अंदर की स्याही अक्षरों की गोलाइयां न बनकर छंद कथा को मेटने वाली कालिमा बन गयी। चारू को उसकी कहानी कथा से क्या सुहास से ही विशेष सारोकार न था। अंतर के सौन्दर्य से दूर भौतिक धरातल पर खेलने वाली चारू उसकी भावनामयी वृत्तियों से घृणा करती थी। ये नीरसता उसे रास न आती थी; चाँद-तारों की झिलमिलाहट से दूर उसे अश्लील पिक्चरे व गाल बजाने से ज्यादा प्रिय थे। सुहास की जैसे कलम टूट गयी हो, अक्षरों के ऊपर से नुक्ता खो गये हो, गीत का गत हो गया हो, अतीत से भयावह अनागत हो गया हो और अनादि से अंत हो गया हो। हाँ अंत ही तो-प्रेम का अंत, संवेदनाओं को अंत मानवीय सुरम्य संगीत से निकलने वाली कोमल कविताओं का अंत। सुनयना के केश गुच्छ उसके उरोजों तक फैले

हुये थे नीले आवरण में चाँदनी का दूधिया बदन पारदर्शी हो रहा था। लेकिन सुबह होने वाले उजाले के स्वरूप में उस दूधिया बदन की चाँदनी कुछ-कुछ तिरोहित हो रही थी। इधर कुछ-कुछ सुहास के सीने में भी हो रहा था अनायास ही उसने अपनी सौष्ठव सबल भुजाओं का हार उनींदी सुनयना के गले में डाल दिया उधर रवि ने अपनी रश्मियों का हार-मेघमाला के सीने में डाल दिया। बादल के घुघुँलके में ललिमा आ गयी, न जाने कब सुहास का झपकी लग गयी। बाहर बूँदा बांदी हो रही थी क्यारी में कनेर के गुलाब के अम्लतास के पीले फूल खिले हुये थे। हवा के झोंके से दरवाजा खड़खड़ाया सुनयना ने करवट बदल ली पर सुहास खड़ा हो गया। उस मलयानिल झोंके के साथ झाड़ी का खिला हुआ नीला फूल दरवाजे की चौखट से झाँकने लगा; लगा जैसे कोई पैगाम लेकर आया हो; सुहास ने आगे बढ़कर खिड़की का काँच खोल दिया और नीला फूल नीलाबंरी के बालों में लगा दिया। सुहाऽऽऽस... एक आत्मीय संवेदना से युक्त आवाज ने उसे स्पांदित कर दिया वह पीछे मुड़ा सुनयना की नजरों ने उसे आगोश में भर लिया वह उसकी पीड़ाओं को अपने में समा लेना चाहती थी; वो सुकमारि तरंगित नवयौवना प्रियतम के लिये विषपान भी करने के लिये उद्यत भी हो सकती थी और उधर सुहास उसके लिए स्वर्ग से अमृत बेलि

लाकर उसके चरणों में रख देना चाहता था। दोनों हाथों को पकड़कर सुनयना ने सुहास को सोफे पर बैठा दिया और रसोई में कुछ बनाने चली गयी।

'सुनयना मुझे घर जाना होगा' पीछे से आते हुये सुहास ने कहा

'थोड़ी देर- रह जाते' सुनयना ने चाय का प्याला थमा दिया।

सुहास ने एक घूंट भरा और सोफे पर बैठ गया; रजनीगंधा का पुष्प और तीव्रता से महकने लगा।

"अंकुर बेटा बीमार है, चारू घर पर होगी भी कि नहीं अभी पिछली रात को वो होटल गयी थी तो फिर सुबह ही लौटी। मैंने बहुत पूछा तो उसने बताया कि उसका कोई दोस्त है जो वहाँ आया हुआ है। सुनयना ने दीर्घ निःश्वास भरी ओह! तुम जाओ अंकुर को कुछ नहीं होना चाहिए।"

भारी कदमों से सुहास चल पड़ा। दरवाजे की काल बेल बजायी अंकुर ने ही दरवाजा खोला और लिपट कर रोने लगा। सुहास के खाली हाथों को तृषित नेत्रों से देखने लगा कि सुनयना आंटी ने उसके लिये क्या भेजा है। उसका बदन बुखार से तप रहा था। माँ कहाँ है? मैंने उसके सिर पर प्यार से हाथ फेरते हुये पूछा।

माँ नीली आँखों वाले आदमी के साथ बाहर गयी है और मुझसे तीन-चार दिनों के बाद आने को कह गयी है। अंकुर ने बोलकर सिर एक तरफ झुका लिया।

मैं सोफे पर धँस गया। पापा मुझे सुनयना आँटी के पास ले चलो। अंकुर के शब्द सुहास के निश्चेष्ट कानों में गुंजायमान होते रहे। पास पड़ी सिगरेट सुलगा ली और अन्तर की पीड़ा सुलग उठी यादें हवा दे रही थीं। चारू से की उसकी बेइंतिहा मोहब्बत और जबाब में चारू की बेपनाह नफरत। क्या कमी थी मुझ में? मेरे पुरुषत्व में। 'पापा सुनयना आँटी के पास ले चलो' अंकुर ने झकझोर दिया। 'हाँ बेटा, चलते हैं कहकर सुहास ने गीली आँखों को रूमाल से पोंछ लिया। एक लम्बी सांस ली– 'काश इसको दो तीन दिन वहीं रखता तो इसे बुखार न बढ़ता कमीज के बटन लगाते हुये अंकुर को गोद में ले लिया। ज्यादातर अंकुर को सुनयना के पास छोड़कर विश्वविद्यालय चला जाता था। सुनयना के पीरियड्स देर में पड़ते थे तब सुनयना के यहाँ अंकुर को लेकर घर चला जाता था। उस प्रेममयी सुनयना की छाँव में अंकुर दिलेर व मेघा शक्ति से युक्त बालक बन रहा था। वो दिन प्रतिदिन वात्सल्य लुटाती और सुहास के हृदय के गूढ़ से गूढ़ तन्तुओं को स्पंदित करती जाती।

अंकुर का बुखार खत्म हो चुका था और वह सुनयना के साथ लगातार खेल रहा था। तभी मैं घर की ओर उद्यत हुआ काल बेल का बटन दबाने ही वाला था। भीतर से नारी–पुरुष की जुगल आवाज की लहरिया देती हँसी आ रही थी। वो लपक के दीवाल पर चढ़ गया। ड्राइंग रूम का दरवाजा अधभिड़ा था। सफेद मरकरी का प्रकाश फैल

रहा था। शैम्पीयन की बोतल और दो गिलास रखे हुये थे। दोनों ही प्राणी एक दूसरे में अर्द्धनग्न तथा निम्मन थे- 'अरे उस लेखक के बच्चे को तलाक क्यों नहीं दे देती। उस अंकुर को शेर व शायरी बनाने वाला पाल लेगा' पेग मुँह में लगाकर उस युवक ने कहा और अट्टाहास हवा में गूँज गया। रमणी ने भी एक पेग ले लिया, 'मैं आज ही इस सम्बन्ध में सुहास से बात करूंगी' आवाज की तल्खी तैर गयी और वो युवक उसे उसी अश्लीलता से पकड़ने लगा। सुहास के मुँह में कलेजा आ गया और वो इस बदरंग जीवन से मुक्ति पाने के लिये तड़पने लगा। उसने अपनी कार का स्टीयरिंग घुमाया और सीधे सुनयना के घर पहुँच गया। सुनयना अंकुर का जन्मदिन मनाने की तैयारियां कर रही थी और अंकुर मैजिक टोप लगा के सारे घर में नाच रहा था। सुहास को लगा यही उसका घर है, सराय तो वह पीछे ही छोड़ आया है। शायद उसने मुक्ति पा ली है और उसका सुनयना के साथ भविष्य में मंडप के प्रेम धागे बुनने का एक सुनहरा सपना और इसको अब जल्दी साकार होना था। सुहास ने पीछे से जाकर सुनयना की कमर में हाथ डाल दिये और उसकी पीठ से सटकर संस्पर्शी घेराव बना दिया। सुनयना ने प्रेम से रोमांचित होकर आंखें बंद कर ली और नन्हा अंकुर अपने गुब्बारे और टाफियां से सजा कमरा देख रहा था जहाँ कुछ देर बाद उसका बर्थ-डे सांग गाया जाने वाला था।

नशीली शामें

नशीली शामें
वो मुलाकतें
नीले से सपने संजोये हुये
उनींदी नयनों सी–
भीगी रातें
वो मुलाकतें
रेशमी बूँदे पिरोये हुये
जगमग लड़ियों सी–
वे बरसातें
वो मुलाकातें।
नशीली शामें।
वो मुलाकातें।
चाँदनी का दामन भिगोये हुये
दुग्ध फुहारों सी–
मीठी बातें
वो मुलाकातें।
बासंती बरखा संजोये हुये
झिलमिल फुहारों सी–
तेरी बाते
वो मुलाकातें।

नशीली शामें।

वो मुलाकातें।

स्याही में कलम डुबाये हुये
नीली पंखुड़ी सी-
लिखी बातें
वो मुलाकातें।

स्याही में कलम डुबाये हुये
घनी इबारत सी-
लिखी बातें-
वो मुलाकातें।

नशीली शामें।

वो मुलाकातें।

साँसों की तपिश में खोये हुये
नरम नाजुक सी-
तन की पाँतें
वो मुलाकातें।

सिहरते आगोश में खोये हुये
गरम कम्पन सी-
भीगी रातें
वो मुलाकातें

नशीली शामें।
वो मुलाकातें।
सागरीय ज्वार समाये हुये
फेनिल लहरों सी-
तिरती यादें
वो मुलाकातें।
सागरीय उन्माद समाये हुये
चढ़ते ज्वार सी-
मद रातें
वो मुलाकातें
नशीली शामें।
वो मुलाकातें।
तेरी याद के पंख फैलाये हुये
धड़कते दिल से-
कहं दी ये बातें।
वो मुलाकातें !!!

ऐ सैलानी

ऐ सैलानी ले चलो मुझको अपने साथ।
धीरे-धीरे ले चलो मुझको अपने साथ।।

रूप तेरा, खुश्बू तेरी
तू ही तू मुझमें समाया।
है सजाया तन ये मैंने
मन में ही तुझको बसाया।।

ऐ सैलानी ले चलो मुझको अपने साथ।
धीरे-धीरे ले चलो मुझको अपने साथ।।

मन का आँगन सूना-सूना
सूना है ये दिल का कोना।
आग लागी मेरे मन में
देखा जब से रूप सलौना।।

ऐ सैलानी ले चलो मुझको अपने साथ।
धीरे-धीरे ले चलो मुझको अपने साथ।।

भीगी भीगी पलकें मेरी
    बिखरी-बिखरी अलकें मेरी।
याद करती हैं तुम्हें ही
    साँसों की सरगम ये मेरी।।
ऐ सैलानी ले चलो मुझको अपने साथ।
धीरे-धीरे ले चलो मुझको अपने साथ।।

नाम न जानूँ पता न जानूँ
    दूर बादल बन मुसकाते।
कभी सितारों से चले आते
    झिलमिल-रिमझिम स्वप्न सजाते।।

सैलानी- वह जो भ्रमण करता रहता हो, पर्यटक

रात गई चमकिले अक्षर भी खो गये!!!
सुबह सिर्फ बारिश की बूंदों का अहसाह
था, वो मनोरम लाली न थी, घटा के काले
कम्बल को ओढ़े ठिठुरता सबेरा था, मन
की कोयल कुहुक रही थी पर सुन न थे,
खामोशी ही सुर बन गयी थी!

अल्हड़ नवोढ़ा

मन की पतवार कहाँ ले जाये।
तन की कश्ती बहती जाये।

करती मनमानी, बेमानी
जाने अनजाने छेड़े तराने
पर्वतों की ओट में
बाँहों में छुप जाने
ताल दे छप-छप
पार दरिया करती जाये

मन की पतवार कहाँ ले जाये।
तन की कश्ती बहती जाये।

नयोढ़ा- न वधु, युवती

एक सदी सोई रही,
एक सदी जागी रही

मैं भीगती रही
अपने अंतर में
सिमटकर
अपने साये
से लिपटकर
वीरान खण्डहरों
मैं
सुन-सान
घाटियों में
दीवारों से
सटकर
टपकता
रहा
मंद मंद
बूँद-बूँद
कोहरा
सुलगती
रही काया
ठिठुरता रहा
अंग अंग।

उजाले की ओर

सितारों की बारात
मेरे मन गहवर
में आयी थी
अँधेरी–सुबह
ने घूँघटा खोल
उजाले से
माँग भरवायी थी।

अपने अंदर पूरा
आकाश देखा,
जगमगाते सितारे
और बहारें देखीं।

तुम्हारी यादें
जलती-बुझती
टिमटिमाती
दीपावलियाँ सी
मन के कोने में
उतर पड़ी!

जादू सा

चाँद का सर्द धुआँ
चाँदनी बन
तैर गया
छल्ले बन बादलों सा
हवाओं में
फैल गया।
इस धुंध भरी रोशनी में
एक जादू सा
बिखर गया;
तुम्हारी यादें
जलती बुझती
टिमटिमाती
नक्षत्रावलियाँ सी
मन के कोने में
उतर पड़ी।

अहसासों की शाम

अहसासों
की शाम तले
तुम्हारे
बाँहों के
गुल्मों
को
सीने
से
सरकाते हुये
धड़कनों
के
हरे गुलाब
को
खुले
केशों के
अंधेरे
जंगलों में
निकलते
चाँद के

सरोवर
में
गहराती
वर्तुलाकार
परम
शांति
के पत्तों
मध्य
सहस्त्रदल
कमल बना
महाकाया है।
तुम्हारे
कर-कमलों
से
मिली
है
समाधि
निकली
है,
सुर-सरिता
बड़े भीगे

अहसास
से
लिखी है
कविता।

1. **गुल्म** :- एक प्रकार का कम लम्बाई का शाखाओं युक्त भूमि पर निकलने वाला वृक्ष (झाड़-नुमा), जिसकी शाखाओं को बाँहों के समान तुलना दी जाती है।

2. **हरा गुलाब** :- हृदय के निकट 'अनाहत चक्र' जिसे हरे गुलाब के रूप में जानते है; कुछ लोग बन्धूक पुष्प के (लाल कांति वाला) समान रंग वाला मानते हैं।

3. **वर्तुलाकार**:- गोलाकार, शून्य।

4. **सहस्त्रदल**:- एक हजार दल का कमल। जो सहस्त्रार चक्र में स्थित है।

धड़कनों के हरे गुलाब को... सहस्त्रदल कमल बना महाकाया है- कुण्डलिनी यात्रा अनाहत चक्र (हृदयस्थल) से सहस्त्रार चक्र तक।

"चंदर चंपा के फूल लेकर
नदी किनारे आ गया।
मृण्मयी मूर्ति एवं यौवन के
विविध रंगो में सजी
सोमा के बाह्य रुपावेश में
किंचित रागमयी अंतर था !!!"

प्रेम-प्रसून

समीना ने टूटते हुए बदन व अस्त-व्यस्त कपड़ों को समेटा। उसका खाविन्द बेसुध सोया पड़ा था। इकबाल और आरिफ नींद को छाती से लगा बेखबर सो रहे थे। यूँ तो समीना की छाती में दूध का उफान था पर यह उफान बढ़ती उम्र के मासूमों के भूख के उफान को कम करने के लिए काफी न था। सांसे जैसे उथली हो चली थी और आँखें उथले हुए लैगून का पानी। आँखें सागर होती तो न बरसती चूंकि समुंदर से नदियां नहीं निकलती। खारे पानी का स्रोता निरन्तर निकलता रहा और दर्द रिसता रहा। लेकिन दूर कहीं वीरानी स्तब्धता में मीठे पानी का घर बहता दरिया उग आया था और लहराती हुयी जलराशि में यादों का टापू भरभरा कर उभर गया उतना ही समतल जितना कि सीधा सपाट समीना का जीवन था; पता नहीं उमर की किस काईनुमा चट्टान पर नन्हा सा नाजुक पौधा उग आया था जिसके लदे हुए फूलों के पराग को मलयानिल हवा उस्मान के होठों पर बिखेर गयी। कांपते होठों से पल्लवित हो प्रेम प्रसून समीना के बदन पर बिखरने लगे, उस प्यार व उनकी सतरंगी छटा को वो अपने दृगों में संजोने लगी। इस दिवा स्वप्न का अवसान नाटकीय तरीके से हुआ- जब

वो प्यार की भंवरें छोटी बहिन के गठबन्धन का भंवर बन पड़ा, सोफिया के तराशे नैन नक्श, उजला रंग, मनभावनी चाल चुनौती की एक ऐसी चट्टान बन गयी जिसमें समीना की आँखों से निकलने वाली सदा नीरा नदी की धारा भी कटाव नहीं बना सकती थी। उस्मान के लवों को छू लेने वाली हिलोर मिलन की मृदु अभिलाषा लिए नदी धारा में तिरोहित हो गयी। वो साया उठता गिरता नदी तल में निमग्न हो गया, और तिरती रही पानी पर जीवित सुगन्ध! दूर खड़ी समीना रेत छानती रही जो खो गया वह ढूंढती रही वक्त न जाने कब रेत सा मुट्ठी से सरक गया और ऐसे मुकाम पर खड़ा हो गया जहां से हर युवा लड़की को अपनी जिंदगी का सफर शुरू करना होता है। सामने था तो शाहिद लम्बा, चौड़ा, हंसमुख और लापरवाह। समीना ने चुनरी ओढ़ी, शाहिद के नाम की पर उस्मान के यादों के सितारे जुगनू की तरह उस पर झिलमिला रहे थे।

मीठे–मीठे
ख्याल
ताना–बाना
प्यार का
बुनी है
चुनरिया।

लगाये
यादों के
सितारे
जुगनू से
टिमटिमाते
प्यार के
चंदोबे
रेशम
से
जगमगाते।

शाहिद के बाहों के दरम्यान का सफर एवं चौखट पर आयी अभावों की गृहस्थी की धूप का चिलचिलाता पड़ाव। तपती समीना का बदन उस्मान की यादों से सिहर उठता और लयबद्ध हो जाता एक मद्धम संगीत।

मन के आंगन में सितारों की बारिश होने लगी।

रेशम के तार में, चांदी की बूंदें पिरोने लगीं।

क्रमशः

खण्ड 'ब'

अक्षर–अक्षर
झरता हमारी
आँखों से,
और
ढुलक कर
मोती बन जाता
मन की
सीपी में

चिराग हाथ ले मंजिलों को खोजने
    चले जा रहे हैं चेहरा छुपाये।
तकदीर के तराजू में तोल रहे जिंदगी
    मौत के पैगाम को पैमाना बनाये।
उम्मीदें सो गयी करवटें बदलकर
    ना उम्मीद के कफन पर गेसू उलझाये।
ढो रही जिंदगी, जिंदगी की लाश को
    मातम के पहाड़ पर अश्क ढुलकाये

दिल जला तो उठा हर तरफ से धुँआ
रात भर फिर सितारे सुलगते रहे।
बेरुखी उनकी हम को सताने लगी
तल्ख अहसास के नगमें ढलते रहे।
शोले ही शोले थे दामने हुस्न में,
गुंचे मुरझा गये, फूल जलते रहे।
दर्द दिल से उठा, आँख तक आ गया,
सुर्ख गालों से मोती फिसलते रहे।

तल्ख- कड़वे
सुर्ख- रक्त वर्ण, लाल

रात वह इकरार की इनकार की ढलती रही।
जिन्दगी को खूबसूरत सी सजा मिलती रही।

प्यार में महबूब के दुनियाँ सजायी थी कभी,
तीरे तन्हाई जिगर के पार वो करती रही।।

कसमसाते होठों पर मुसकान इक सजती रहीं,
इंतजारों में तुम्हारे हाथ वह मलती रहीं।

दिल के अफसाने हुये बंजर न कलियाँ-फूल हैं,
हिज्र की आतिश में प्यारी जिंदगी जलती रही।

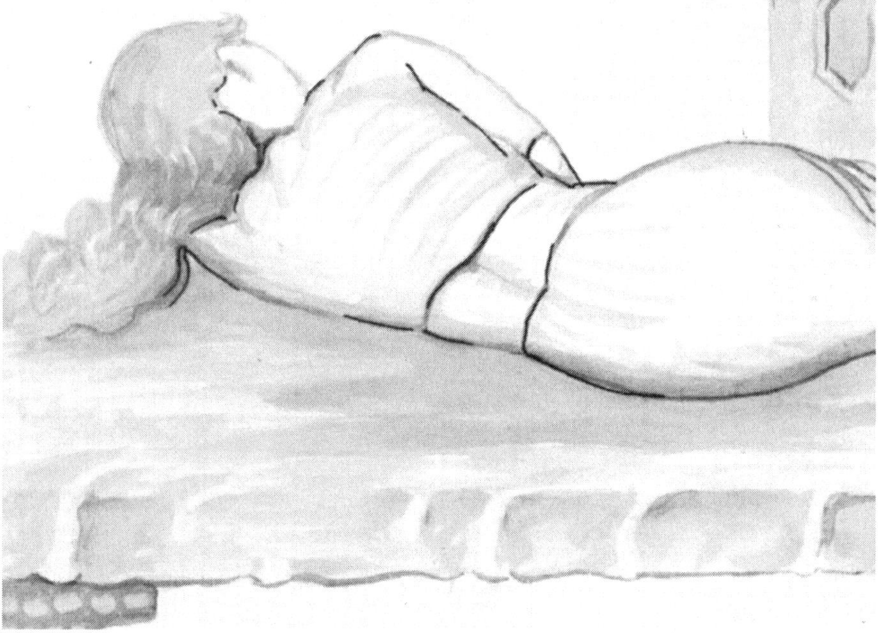

तप्त धरा पर
अलसायी हुई
पिघलती बूंदें सी
अंकित कायनातें

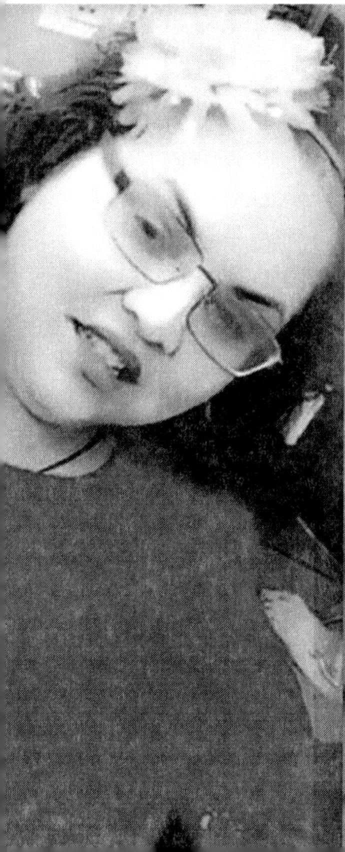

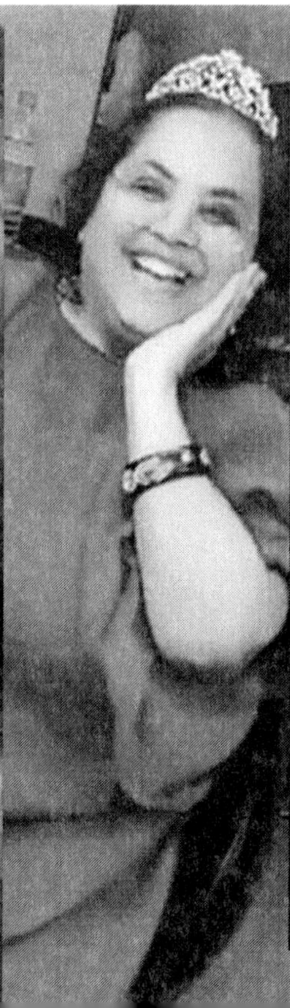

दिल दरिया है
प्रथम संस्करण-2011
मानसी पब्लिकेशन्स
तुम्हे चेतना में पाया
मन में समाया
पिघल गई
रूहें आग में
पैठ गई गहरे-गहरे
लग गई समाधि
तेरे मेरे मन की
तन मन के मिलन
दीप्ति वर्मा
मानसी पब्लिकेशन्स
दिल्ली-110006